BIBLIOTHÈQUE DES TEXTES PHILOSOPHIQUES
DIRECTEUR : HENRI GOUHIER

CH. RENOUVIER

LES DERNIERS ENTRETIENS

RECUEILLIS PAR

LOUIS PRAT

LIBRAIRIE PHILOSOPHIQUE J. VRIN

LES DERNIERS ENTRETIENS

BIBLIOTHÈQUE DES TEXTES PHILOSOPHIQUES

Ouvrages parus :

LEIBNIZ : *Discours de métaphysique, édition collationnée avec le texte autographe,* présentée et annotée par Henri Lestienne . . . . **12** »

KANT : *Prolégomènes à toute métaphysique future,* traduction par J. Gibelin, agrégé de l'Université. . . . **15** »

DESCARTES : *Regulæ ad directionem ingenii,* notice par Henri Gouhier, chargé de cours à la Faculté des lettres de Lille. . . . . **15** »

Sous presse :

SAINT ANSELME : *Proslogion,* texte et traduction, par A. Koyré, docteur ès-lettres.

Prochaines publications :

AUGUSTE COMTE : *Lettres à Valat* et *Opuscules de Philosophie sociale,* 1819-1828. — MALEBRANCHE : *Le Traité de la Nature et de la Grâce.* — GÉRAUD DE CORDEMOY : *Discernement du Corps et de l'Ame.* — DIOGÈNE LÆRCE : *La vie des philosophes.* — CONDILLAC : *Traité des systèmes.* — *Œuvres de* KANT, HEGEL, HUME, etc...

BIBLIOTHÈQUE DES TEXTES PHILOSOPHIQUES
DIRECTEUR : HENRI GOUHIER

CH. RENOUVIER

LES DERNIERS ENTRETIENS

RECUEILLIS PAR

LOUIS PRAT

PARIS
LIBRAIRIE PHILOSOPHIQUE J. VRIN
6, PLACE DE LA SORBONNE (Vᵉ)

1930

CH. RENOUVIER A DIX-HUIT ANS

au moment de son entrée à l'Ecole Polytechnique

(Facsimile d'un dessin d'après le peintre Baron)

LA FIN DU SAGE[1]

LES DERNIERS ENTRETIENS

DE CHARLES RENOUVIER

28 août, 1 heure du soir.

Je me sens un peu plus fort aujourd'hui, je respire librement, je ne souffre pas. Je n'ai pas eu de crise ce matin. On dirait que le mal veut me laisser quelque répit.

1. Charles Renouvier est mort le 1er septembre 1903. Depuis quatre jours, depuis le 18 août, il employait toutes les heures de répit que lui laissait son mal à rassembler, pour ceux qui voudraient l'entendre, les pensées qui lui tenaient le plus au cœur. Il en confiait le dépôt à son plus cher disciple, M. Prat, avec la mission de les répandre. Sachant qu'il allait mourir, il voulait du moins que les idées auxquelles il avait consacré toute son existence lui survécussent: il les croyait

Je ne me fais pas illusion sur mon état; je sais que bientôt je vais mourir, dans huit jours, dans quinze jours peut-être. Et j'ai tant de choses à te dire au sujet de notre doctrine! Approche de mon fauteuil la petite table; tu prendras quelques notes,

efficaces parce qu'il les croyait vraies; aussi en désirait-il ardemment le triomphe, et les échecs d'autrefois, dont il n'avait pas perdu le souvenir, n'avaient pu entamer sa foi robuste dans le succès final d'une œuvre dont dépendait, à ses yeux, le salut et l'avenir même de la démocratie.

C'est le 31 août, entre neuf et onze heures du soir, qu'il s'expliquait à ce sujet avec M. Prat; à huit heures quarante cinq, le lendemain matin, il rendait le dernier soupir, confirmant, par sa mort, le haut exemple qu'avait donné sa vie : celui d'un sage qui fut, il était fier de le dire, un infatigable travailleur.

En publiant, sans en rien omettre, ces Entretiens suprêmes où le philosophe, avec sa belle franchise, xposait à son ami ses convictions les plus intimes et ses plus chères espérances, nous croyons rendre à Ch. Renouvier l'hommage auquel il aurait été le plus sensible, le seul, en tout cas, vraiment digne de celui qui, au seuil de la mort, affirmait « qu'il avait toujours cherché la vérité sincèrement, d'un cœur désintéressé et qu'il ne se souvenait pas d'avoir écrit une seule ligne qui ne fût l'expression de sa pensée ». (Note des éditeurs.)

elles te seront, je l'espère, utiles dans l'avenir.

Ne cherche pas, je t'en prie, à me donner le change. A mon âge on n'a plus le droit d'espérer; les jours sont comptés, peut-être les heures. Il faut se résigner.

Ce n'est pas sans regrets que je meurs. Je regrette de ne pouvoir en aucune façon prévoir ce que deviendront mes idées. C'est une faiblesse, et qui ne va pas sans souffrance : quel est le sort que les hommes réservent au *Personnalisme*? Et je m'en vais avant d'avoir dit mon dernier mot. On s'en va toujours avant d'avoir terminé sa tâche. C'est la plus triste des tristesses de la vie.

Ce n'est pas tout. Quand on est vieux, bien vieux, habitué à la vie, on a beaucoup de peine à mourir. Plus facilement que les vieux, les jeunes gens, je le croirais volontiers, acceptent l'idée de la mort. Quand on a dépassé les quatre-vingts ans, on devient lâche, on ne veut plus mourir. Et quand on sait à n'en pas douter que la mort est prochaine, c'est une grande amertume pour l'âme.

J'ai étudié la question sous toutes ses faces ; depuis quelques jours, je remâche la même idée : je *sais* que je vais mourir, je n'arrive pas à me *persuader* que je vais mourir. Ce n'est pas le philosophe qui proteste en moi ; le philosophe, lui, ne croit pas à la mort, c'est le *vieil homme*. Le vieil homme n'a pas le courage de se résigner. Il faut pourtant se résigner à l'inévitable.

Pendant ces dernières nuits — les nuits sont longues quand on ne dort pas — j'ai longuement médité sur ma vie. Je me suis revu, je me suis appliqué à me revoir dans le temps ; ce n'est pas aussi facile qu'on le pourrait croire. On a eu tant d'occasions d'oublier et de *s'oublier*, tant de raisons aussi pour oublier quand les ans pèsent sur la mémoire!

J'ai essayé de faire scrupuleusement mon examen de conscience. J'ai revécu le bon de ma vie et le mauvais. Hélas! je me suis surtout félicité de n'avoir pas fait tout le mal que j'aurais pu faire. Et je me suis demandé si nous ne valons pas plus par le mal que nous ne faisons pas, que par le bien que nous croyons accomplir. Misère de nous! nous savons mieux ce qu'il ne nous faut pas faire que ce qu'il nous faut faire.

Pourtant, ceci est à mon honneur et je le dis avec quelque fierté, j'ai beaucoup travaillé. J'ai cherché sincèrement, d'une façon désintéressée, la vérité. Je ne me souviens pas d'avoir écrit une ligne qui ne fût l'expression de ma pensée. J'ai combattu avec passion les opinions de mes adversaires philosophiques ou politiques, j'ai toujours respecté les personnes. C'est là le meilleur de moi-même. Mais j'ai découvert, en fouillant ma vie, bien des actes reprochables, et, somme toute, je n'ose pas décider si j'ai été moins méchant que le commun des hommes.

Malgré tout l'espérance me soutient. Je crois en la bonté de Dieu, je crois que sa justice n'est pas la nôtre. Je crois en moi. Après le sommeil, qu'importe qu'il soit court ou de longue durée — il n'y a pas de durée pour le sommeil de la mort, — le réveil de nouveau ouvrira les paupières; de nouveau il faudra se lever, tracer son sillon laborieusement, courageusement. Semper eadem sed aliter. *Aliter*, je veux dire dans un autre milieu, dans d'autres circonstances. C'est la série des épreuves.

J'avais comme le besoin de te faire ma confession. Il me semble que je suis maintenant délivré d'un poids.

Je ne te parlerai pas plus longtemps de

moi et de mes misères. J'ai autre chose à te dire qui est plus important.

. . . .

Notre doctrine est belle; elle est consolante, elle est la vérité. Tu connais toutes mes idées. Il en est, dans le nombre, que nous avons pensées ensemble, durant nos longues promenades à travers champs. Nous les avons façonnées, nous les avons construites, nous les avons faites. Je sais que tu les aimes. Je te demande de les faire connaître, de les faire aimer, de les défendre selon tes forces.

L'hiver dernier a été bon pour le travail. J'ai travaillé à *mon* « *Kant* » et j'ai pris des notes aussi que je crois intéressantes. J'aurais voulu écrire un petit livre — cent pages tout au plus — dans lequel seraient groupées les thèses principales du « Personnalisme » en vue de démontrer que la doctrine des *Trois Mondes* n'est pas seulement une philosophie de l'action fortement logiquée et rationnelle, mais une solution du problème du mal et, de ce point de vue, sinon une religion, du moins une réponse à la terrible question qu'on ne peut pas ne pas se poser : Quel est le sens de la vie?

Cette démonstration n'est pas impossible. Elle devrait être très simple et très claire. Ce serait comme une sorte de bréviaire pour tous les intellectuels qui n'ont pas sombré dans l'athéisme et qui répugnent au dogme catholique. Plus que les autres, les intellectuels ont besoin de religion.

Tu trouveras les notes dans le petit bureau. Elles ont, je crois, quelque importance.

. . . .

. . . .

Je voudrais à ce livre une assiette très solide, logique à la fois et psychologique.

CH. RENOUVIER (1815-1903)
d'après une photographie prise le 12 Août 1890

Le point de départ serait une étude sur les catégories. C'est le problème le plus ardu qui se puisse présenter à un philosophe. C'est la clé de tout. Je l'ai étudié, pour ainsi dire, pendant toute ma vie ; je ne l'ai pas assez étudié encore.

Je me suis aperçu, il n'y a pas bien longtemps, de l'utilité qu'il y aurait à grouper les catégories sous deux chefs : d'une part, les catégories logiques ou de l'entendement dont les objets trouveraient, dans la catégorie d'espace, leur expression définitive, et, d'une autre part, les catégories de la personne qui, en un sens, sont opposées aux premières[1]. Le dehors est en opposition

1. J'ai trouvé, parmi les notes du maître, la note suivante, qui se rapporte à ce nouveau tableau qu'il préparait des catégories :

A. De la relation comme catégorie.

Le sujet : ma pensée propre. L'objet : *un coup du dehors*.

L'objet c'est *l'autre* : une sensation, une traction, une poussée, un frottement, une douleur. Pas de loca-

avec le dedans. Mais ici une analyse est nécessaire.

Je voudrais présenter au sujet des catégories de l'entendement et de la personne

lisation, l'idée d'espace n'intervient pas encore; il n'y a qu'une opposition entre le moi et le non-moi :

Ipséité, *altérité* et synthèse : *perception*.

Ce qui, au point de vue du moi propre, correspond aux termes de la relation en général :

Distinction, *identité*, *détermination*.

B. CATÉGORIES LOGIQUES OU DE L'ENTENDEMENT.

Qualité. — *Quantité*.

Elles sont des rapports issus de l'opération du moi sur sa représentation de lui-même et de l'objet, opération ou réflexion d'où naissent les idées de *sujets de qualités* et *nombres d'objets*, d'où, *qualification* et *numération*, antérieurs, comme pures idées logiques, aux représentations spatiales.

C. CATÉGORIE DE POSITION.

Temps. — *Espace*. — *Devenir*.

Le temps est impliqué comme fonction du moi dans toutes les catégories précédentes et même en toute représentation, puisqu'il n'y a pas de conscience sans le temps; mais, ici, il se définit comme position et ordre des phénomènes internes successifs.

L'espace, position et ordre des externes simultanés, est la fonction d'*extériorisation* qui s'applique à la notion de l'*altérité* pour la rendre sensible. Le devenir

quelques arguments. Je voudrais surtout esquisser une théorie de l'espace que je crois, en partie, nouvelle. Il me semble que je le puis sans trop de fatigue. Mon ἡγεμονικόν, lui, n'est pas malade.

LA RÉFUTATION DE L'INFINI

La première question à examiner au sujet des catégories logiques de l'entendement, est celle de l'infini numérique. Réfuter l'infini est d'une importance capitale pour le *Personnalisme*.

La réfutation que je voudrais t'exposer a, selon moi, le mérite d'être très claire;

est le changement de qualité ou de quantité dans le Temps et l'Espace.

D. CATÉGORIE DE LA PERSONNE.

Causalité. — *Finalité*. — *Personne* comme catégorie.

N. B. — La causalité comme ordre de phénomènes solidaires appartient à la catégorie du devenir et doit y trouver son explication développée.

il me semble que tous ceux qui sont capables de réfléchir la pourraient entendre.

Nous ne pensons la quantité que par relation. La qualité étant le terme d'une relation dont le sujet est l'autre terme, et les qualités pouvant se multiplier pendant que le sujet continue à se penser comme un, il résulte de là que la qualité se pense comme une sorte d'unité ou de partie, dont le sujet forme, en l'unissant à d'autres qualités, un nombre ou un tout. Seulement les unités répondent à des idées différentes les unes des autres et qui ne sont pas nécessairement localisées dans l'espace. Le nombre et le tout n'ont pas de détermination fixe.

Mais si, dans les qualités, je fais abstraction de leurs différences pour ne considérer que leur pluralité, ou encore si je distingue les uns des autres des sujets, pareils qu'ils soient entre eux, ou différents par leurs qualités, sans m'occuper de ces qualités, j'applique le concept du nombre abstrait et de l'unité abstraite, identique à elle-même; j'ai l'idée de la numération et j'acquiers la connaissance d'un système de numération écrite de tous les nombres possibles (nombres entiers) à l'aide duquel je pourrai me convaincre démonstrativement qu'à un nombre donné, quelque grand qu'il soit, il est toujours possible d'ajouter une unité, et, par là, de constituer un nombre nouveau à la suite de ceux qu'on a considérés avant celui-là, quel que soit leur nombre. J'ai d'ailleurs *a priori*, quand j'y pense, la parfaite conviction de pouvoir, par la pensée, poser un nombre d'unités plus grand d'une unité que le nombre quelconque qu'on me proposera. Et il semble que, sur cet inébranlable fondement, on puisse faire le raisonnement suivant pour prouver l'existence d'un sujet pensé sans relations :

Si la série des nombres qu'on peut compter est interminable, c'est, dit-on, que tous ceux qu'on peut penser existent réellement; on peut, puisqu'ils existent, penser leur ensemble, quoique cet ensemble n'étant pas formé d'unités en nombre déterminé ne soit pas un nombre, et n'étant pas composé de parties qui se puissent sommer ne soit pas un tout. Cet ensemble est ce qu'on appelle *Infini*. Il a cela de commun avec l'*Absolu* que ce dernier se rencontre quand l'esprit cherche à se porter à la considération d'un sujet en soi qui ne soit que sujet, n'ait plus de qualités, soit par conséquent la chose sans relations en ce qui concerne *le quale*; tandis que, dans la question présente, l'esprit envisage un nombre qui n'est plus un nombre, un tout qui n'est plus un tout, qui, par conséquent, est la chose sans relations en ce qui concerne le *quantum*. Le nombre et le tout n'ont plus aucun rapport intelligible avec d'autres nombres, avec d'autres touts, et se comparent à rien dans leur espèce.

Mais c'est précisément de là que ressort la démonstration de l'impossibilité de penser la quantité sans relation. Comment avons-nous construit dans notre esprit l'idée du nombre, ou du tout d'unités abstraites? par l'addition successive de l'unité pour former les sommes ou touts qui sont les nombres; et qu'est-ce qui nous a fait juger que la série des nombres possibles est interminable? Ce fait mental de notre puissance de penser un nombre plus grand d'une unité qu'un nombre proposé quelconque; et qu'est-ce enfin que l'affirmation de cette puissance, si ce n'est celle de l'impossibilité de comprendre l'existence soit d'un terme dernier de la série, soit du tout des termes dont elle se compose en se terminant? Il est donc clair que nous ne pouvons pas essayer de concevoir l'existence de ce terme, ou de cette somme, sans contredire formellement notre conception de la série qui, de sa nature, en exclut la possibilité. Elle est indéfinie, sans fin possible, et nous l'appelons infinie pour lui donner un sens que sa définition dément.

Il importe de remarquer que c'est dans l'abstrait, dans le concept lui-même que gît premièrement la contradiction et non pas dans les applications géométriques et dans les applications concrètes. C'est le *quantum* numérique abstrait qui devient contradictoire en lui-même quand on le dit infini. Ce quantum, fondement de toute quantité en tant que mesurable, est le *primum mensurabile*. L'unité est le principe de sa mesure. Les sommes d'unités qui sont les nombres se conçoivent donc par relations les unes aux autres, et de toutes à l'unité, et ne peuvent se penser sans relation que par une violation du principe de contradiction : la transition d'une idée à une autre et à son affirmation, incompatible cependant avec la raison de la première.

Comment cette aberration s'est-elle produite et est-elle devenue si commune? car il n'est rien de si ordinaire que de rencontrer chez des esprits qui, à d'autres égards, ne seraient point méprisables, la confusion de l'*indéfini* avec l'*infini* réel ou actuel, qui en est cependant la négation, puisque le premier de ces termes signifie l'absence de fin, et qu'on fait signifier au second une fin que l'on dit en même temps ne pas comprendre. Le principe de l'erreur est l'oubli de la règle logique, que *du possible au réel en acte il n'y a pas de conséquence à tirer*. Les nombres, en série indéfinie, sont des possibles de l'esprit. Ils existent quand une pensée les pense en de certains rapports; ils existent aussi toujours en puissance, dans les rapports des choses du temps et de l'espace, en tant qu'une intelligence peut ou pourra jamais les dévoiler, et toujours déterminés et limités pour la connaissance puisqu'il n'y a de pensée, touchant le quantum, que par relation.

. . . .

. . . .

. . . .

Charles Renouvier avait parlé, sans prendre un instant de repos, pendant près de deux heures. Il était très fatigué. Je le priai de remettre au lendemain la suite de l'exposition de ses idées.

Je ne suis pas fatigué, me dit-il, du moins je ne sens pas la fatigue. Sans doute ma voix est éraillée, mais c'est parce que je crie. Je suis aujourd'hui plus sourd que d'habitude, je ne puis m'entendre que si je crie. Je pourrai continuer pendant une heure encore, si tu n'es pas toi-même trop fatigué d'écrire. C'est si bon de penser! J'en oublie que je suis malade.

Tout de même je me reposerai un moment. Donne-moi ma potion; descends un moment au jardin, tu remonteras dans une demi-heure. Nous travaillerons encore un peu, si je le puis.

. . . .

. . . .

Même jour, 3 heures et demie du soir.

Ce n'est pas sans raisons que je t'ai fait écrire cette réfutation de l'Infini. Si les philosophes voulaient prendre garde à la force de cette argumentation, le « Personnalisme » aurait fait un grand pas. Elle est très simple cette argumentation, elle est très forte.

L'IDÉE DE L'ESPACE

Je te disais tantôt qu'il convient de donner à la catégorie d'espace une importance capitale. L'espace doit être distingué de l'*altérité*. Nous l'avons défini : la vision interne de l'externe, l'intuition qui fait prendre corps à l'extériorité fondamentale. De ce point de vue l'espace est la catégorie synthèse des catégories logiques de l'entendement. C'est en tant qu'elles sont *situées* que les qualités et les quantités prennent à nos yeux toute leur valeur et deviennent des réalités.

L'espace doit être mis en regard de la catégorie de personnalité qui est, comme nous l'avons dit, la catégorie vivante[1].

. . . .

L'idée de l'espace est, comme on disait autrefois, une idée innée; innée comme l'entendement est inné : c'est-à-dire une puissance de la personne humaine née et développée dans les conditions de la nature.

1. « Elle est la catégorie vivante, assemblage de toutes les autres et les possédant pour soumettre à ses lois les rapports particuliers et procéder à la connaissance de tout l'univers accessible. Elle est la synthèse réalisée des lois, la relation des relations. » *Nouvelle Monadologie*, p. 111.

La conscience de l'espace diffère beaucoup de l'idée de l'espace. Elle vient peu à peu et se fixe à son heure à mesure des sensations qui se suivent et se comparent.

Ceci suppose que les relations et fonctions dont se compose la conscience humaine ne se produisent pas indépendamment de celles qui composent la nature et avec lesquelles elle est constamment et nécessairement liée.

Imaginons qu'il arrive une première fois — ce qui sans doute est l'effet naturel de petites expériences moins sensibles pour son auteur, — que l'enfant, les yeux fermés, promène ses doigts sur une certaine surface, ou qu'il perçoive successivement deux sensations distinctes en appuyant ses doigts sur deux points voisins : l'idée de temps, antérieure qu'elle est à l'idée d'espace, lui fait distinguer ses sensations les unes des autres, et l'idée de l'altérité (idée de l'existence d'objets autres que les objets qui ne sont encore que ses propres pensées), cette idée lui fait distinguer dans deux sensations différentes, deux objets différents l'un de l'autre et de lui-même. C'est là que vient l'application de l'idée de l'espace comme situation respective d'objets différents que sépare une certaine étendue. Le temps nécessaire pour passer d'un objet à l'autre, pour franchir du doigt l'étendue qui sépare un point d'un autre, est mis en rapport par l'entendement avec l'étendue qui sépare ces points sensibles l'un de l'autre. De là vient immédiatement l'idée de la distance de deux points, et aussi l'idée d'une mesure de cette distance comparée à une autre du même genre, parce qu'il y a une certaine vision mentale, toute mentale et pour ainsi dire abstraite, de la situation respective de ces points, de la succession par le toucher et du temps plus ou moins considérable que le doigt met à la traverser pour passer du premier au dernier de ceux dont le sujet a eu les sensations.

Là serait déjà le principe de la comparaison et de la mesure exacte des longueurs autant qu'il y aurait possibilité de se rendre maître d'une certaine longueur palpée et de la porter, un certain nombre de fois déterminé, sur une autre qui serait plus longue. Mais c'est là surtout le commencement d'une suite de découvertes qui n'auraient pas d'autres limites que celles de l'entendement lui-même chez l'enfant, plus tard chez l'homme, selon qu'il porterait son attention sur les directions et les changements de directions, sur les involutions des figures et des surfaces, en un mot sur ce qu'on appelle les idées géométriques (sentiment de l'espace chez l'aveugle).

Portons l'entendement sur un autre

théâtre de la sensibilité. Nous supposons toujours la nature externe et ses relations constitutives : il y a des corps, il y a des mouvements, il y a de la lumière que les corps élémentaires produisent — les corps reflètent la lumière et la réfractent — ils deviennent par là visibles en se présentant à nos yeux comme des surfaces diversement colorées. Nous n'aurions aucune vision spatiale sans l'existence des couleurs, mais l'existence des couleurs, leurs variétés, leurs oppositions, leur étendue, donnent à la vision spatiale un caractère très original de l'extériorité comme forme représentative de l'altérité.

Il faut insister sur cette définition : l'espace est la forme représentative de l'altérité. Nous savons qu'il existe des choses en dehors de nous avant d'appliquer à l'externe notre idée de l'espace. Mais l'externe ne nous est réellement et complètement représenté que grâce à l'application que nous faisons de l'idée de l'espace. Elle introduit l'ordre dans le désordre, dans la confusion des sensations. Nos sensations, de quelque nature qu'elles soient, ne sont plus seulement alors senties ou touchées, elles occupent une position, elles sont situées en rapport avec d'autres et en rapport avec nous. Elles sont vues, elles sont imaginées. Et ceci est vrai pour la vision elle-même. Il n'y a pas, selon moi, de doute que l'enfant n'arrive que fort lentement et peu à peu à distinguer les diverses couleurs, et partant les objets colorés. Il ne distingue tout d'abord que le clair de l'obscur. Ce n'est que peu à peu que le dehors lui est révélé.

En résumé : De même que par rapport aux catégories de la personne, la loi de personnalité enveloppe dans sa complexité synthétique, la succession, le devenir, la causalité et la finalité, qu'elle les précise et les éclaire, de même la catégorie d'espace enveloppe et précise les relations fondamentales logiques de l'entendement : la qualité, la quantité qui sont des formes de l'altérité, mais qui, situées, localisées, imaginées, sont, pour la conscience, la représentation du dehors.

L'espace est donc bien la forme représentative de l'altérité.

. . . .

. . . .

. . . .

5 heures du soir.

Le maître est très fatigué ; la voix est rauque, la respiration difficile et sifflante.

Je n'en puis plus, me dit-il ; demain, si j'ai des forces, nous reprendrons notre tâche. Demain ! Demain ! Mon Dieu ! Mon Dieu ! j'étais plein de courage ce matin, et maintenant je ne puis plus parler.

Depuis une heure environ, le vieillard, à bout de souffle, luttait contre le mal avec une admirable énergie. Il ne voulait pas mourir avant d'avoir donné à ses idées leur expression définitive.

L'émotion me gagnait de plus en plus ; je ne savais comment faire pour la dissimuler. Le maître s'en aperçut et doucement, de sa voix éteinte :

Sois homme! Il faut se résigner. Songe que les dieux m'ont fait bonne mesure. J'ai eu le temps d'exercer mon âme à l'apprentissage de la mort. Il est vrai, j'ai honte de l'avouer, que l'idée de la mort m'est très pénible. Le vouloir-vivre étreint encore mon vieux corps, mon vieux corps qui vit depuis des années dans des conditions lamentables.

Je n'ai trouvé quelque consolation que dans la lecture d'Épictète et de Lucrèce. C'est en dehors de toute doctrine et c'est très beau.

Je te veux faire une confidence. L'hiver dernier, pendant que tu étais à Perpignan, je me suis amusé à traduire en vers quelques passages de Lucrèce. Ce sont des vers blancs. C'eût été prétentieux de ma part, trop difficile aussi, de vouloir chercher des rimes.

Je ne suis pas mécontent de ce travail. Tu

trouveras le manuscrit dans le secrétaire. J'avais tout juste quatre-vingt-huit ans quand je les ai écrits; il ne sont pas des plus mauvais.

Laisse-moi maintenant; je voudrais dormir. Si je pouvais dormir! Lucrèce est le plus grand des poètes, le chantre de la mort!

LA MORT[1].

Quel est, mortel, ce grand sujet de tant de plaintes?
Tu dois mourir! Mais si les biens dont te combla
La vie on fait ta joie, et tes sens comme un crible,
N'ont pas laissé tout fuir à travers, dis, pourquoi,
Rassasié convive et plein de jours, crains-tu
De te lever de table, et d'aller, imbécile!
Goûter un très certain repos? Si les plaisirs. [t'ont
Au contraire, et les biens, quels qu'ils soient, ceux qui
Réjoui quelque temps, se sont tous dissipés,
Si la vie à présent ne te promet que peines,
Qu'attends-tu? Quel espoir est le tien, de saisir
Ce qui sans cesse échappe où se termine à mal?
Que pourrais-je inventer, machiner, qui te plaise?
Les choses sont toujours les mêmes, et ton corps

1. Ces vers ont été écrits en janvier 1903.

Ne fût-il pas flétri par les ans, et tes membres
Usés, sans force, eh bien! ce sont les mêmes choses
Qui sont là; devrais-tu l'emporter sur les siècles?
Ou même si jamais tu ne devais mourir?

*
* *

Il a fermé ses yeux à la douce lumière,
Le bon vieux roi de Rome, Ancus, qui valut mieux
En cent choses que toi, malheureux! Et ces rois,
Ces puissants chefs de peuple, et ce Grand Roi de Perse,
Qui jadis étendit sur la mer un chemin,
Et fit passer à pied des légions sur l'onde,
Et jeta son mépris au murmure des eaux,
Ils sont tous morts. Xercès a perdu la lumière,
Et son âme a quitté son corps. Et Scipion,
Ce grand foudre de guerre, et l'horreur de Carthage,
Ses os ont, comme ceux d'un vil esclave, été
Mis sous terre à pourrir.
Et songe, maintenant,
A ces grands inventeurs de doctrine, à ces
Artistes, créateurs de grâce et de beauté,
Dont un, qui fut Homère et le maître de tous,
Dort avec eux, plongé dans le commun repos.
Démocrite, le jour où par l'âge averti,
Il sentit s'alanguir en son esprit le jeu
De la mémoire, alla de lui-même au-devant
Du trépas. Et lui-même, Épicure, cet homme,
Ce génie au-dessus de l'homme, dont l'éclat,
Ainsi que le Soleil fit pâlir les étoiles,
Aux limites de l'âge Épicure expira.
Et toi tu veux ne pas mourir, la mort t'indigne!
Toi vivant, et de qui la vie est déjà presque

Une mort, et qui dors tout éveillé, toi dont
L'esprit n'est rien que songes, et qui trembles,
Sans cesse, en proie aux craintes vaines, impuissant
Même à trouver quel est ton mal, lorsque accablé
De tous côtés par les soucis, irrésolu,
Tu vagues comme un homme ivre, à travers tes peines.

*
* *

Si les hommes pouvaient, quand ils sentent peser
Un lourd fardeau sur leurs esprits, qui les obsède,
Découvrir ce que c'est et quelle en est la cause,
Et d'où vient que le mal, comme une masse, opprime
Le cœur si lourdement, on ne les verrait pas
Mener ainsi leur vie et jamais ne savoir
Ce qu'ils veulent, toujours chercher, changer de lieu,
Comme si le fardeau pouvait se déposer !

. . . .
. . . .
. . . .

Si long que soit le temps que dure notre vie
Nous n'ôtons rien à notre mort de sa durée ;
Nous ne serons pas moins longtemps des trépassés.
Quand même tu pourrais vivre à ton gré des siècles,
Cette éternelle mort n'est pas moins là toujours.
L'homme dont le soleil d'aujourd'hui voit la fin
Ne sera pas néant moins longtemps que le sont
Ceux qui sont morts des mois et des ans avant lui [1]...

1. *Lucrèce*, liv. III, v. 946-962, 1037-1072 et 1107.

29 août, 2 heures du soir.

Ça ne va pas trop mal, en ce moment, me dit en souriant le maître. J'ai dormi pendant près de trois heures : je suis reposé. Mais la nuit a été pénible et très longue. J'ai essayé de lire, je n'ai pas pu : la lumière fatiguait mes pauvres yeux. J'ai remâché des idées.

Vers les quatre heures du matin sont venues les premières lueurs. Ç'a été pour moi comme une délivrance. Péniblement j'ai approché le fauteuil de la fenêtre pour regarder. J'ai éprouvé une joie d'enfant à voir croître le jour. Puis les rayons du soleil ont éclairé la colline. Quelle belle chose que le soleil ! Il faut être malade, incapable de faire un pas pour en apprécier toute la beauté.

Pourtant je ne suis pas positivement malade; je n'ai pas de fièvre, je ne souffre pas. Je ne souffre que si je veux marcher. Je ne peux pas respirer, le moindre mouvement me fatigue. Il faut croire que mon vieux corps est tellement usé qu'il me refuse tout service. Il est si vieux qu'il n'a même plus de force pour souffrir. Il est devenu très lourd : je le sens partout qui m'opprime.

Si je pouvais me rétablir un peu, ne serait-ce que pour quelques jours, — c'est là demander l'impossible, — je voudrais refaire, une fois encore, les promenades en voiture que nous faisions à cette époque de l'année. Je voudrais revoir les vallées du Vernet et de Sahorre, à la petite ville d'Olette que j'ai visitée, pour la première fois, il y a près de trente ans.

— Permettez au docteur de vous soigner, dis-je à mon maître, il vous soignera mieux que je ne sais, vous reprendrez des forces et nous referons bientôt nos belles promenades.

— Pourquoi veux-tu m'abuser, me répondit-il; tu sais aussi bien que moi que je ne me relèverai pas. Trop vieux, plus de force, je suis fini. Je me solidifie de plus en plus.

Il ne faut pas déranger le docteur, il ne faut déranger personne. Remercie-le de ma part pour les remèdes qu'il m'a ordonnés : ils m'ont redonné quelques forces. J'aime mieux ne pas le recevoir. Ni lui ni personne. Ceux qui s'intéressent à moi, ils sont très peu, sont loin d'ici. Leur présence me serait une gêne, une fatigue nouvelle. Je suis sourd. Quand le moment sera venu, tu seras près de moi, cela suffit.

En attendant l'heure de prendre mon

lait, je lirai quelques pages des *Mémoires* de George Sand. C'est d'une lecture reposante et qui me plaît. Cette après-midi, si j'ai des forces, nous travaillerons.

29 août, dans la matinée.

LE MOI. — LA PERSONNE

N'écris pas, c'est inutile. Tu connais bien la question. Si je n'arrivais pas à te la présenter en des termes suffisamment précis, tu sauras la préciser. Tu trouveras d'ailleurs quelques notes à ce sujet; elles sont de l'hiver dernier. Avec ces notes tu trouveras aussi l'argumentation contre Spencer. Je l'ai écrite quelques jours avant les vacances.

Ce qu'il faut démontrer, — et c'est très important, — c'est que l'idée du moi est une idée de relation. La thèse est loin d'être nouvelle; mais c'est une de celles qui ont été le plus vivement discutées par nos adversaires. Il y a quelques années, M. Lechalas m'a écrit à ce sujet, et son argumentation était spécieuse. Je crains que ma réponse ne l'ait point complètement satisfait.

La démonstration que je voudrais présenter aujourd'hui me paraît très simple et concluante. Si elle conclut véritablement, nous avons trouvé le fondement logique à la fois et psychologique du *Personnalisme*.

Il est indubitable que, pour tout individu pensant, *sa* pensée et non celle de toute autre personne est une condition *sine qua non* de la représentation du monde et de n'importe laquelle de ses parties, et que, par conséquent, dans la supposition où il serait lui-même anéanti, il n'a aucune preuve à se donner du fait que cette représentation existerait encore. D'une autre part, c'est une idée entièrement chimérique

que celle d'une chose dont il n'y aurait aucune représentation possible, car toute idée que nous avons d'une chose quelconque est prise de la représentation qui nous est donnée, ou que nous nous donnons, de cette chose. On sait assez que ce que nous disons là n'est que logique pure, et n'a nulle influence sur nos sentiments, mais la question de la relation de la connaissance des choses à notre moi est une question de logique et non de sentiment.

« Rien ne serait plus aisé à constater que le caractère essentiellement relatif de la notion du moi, n'était la force du penchant qui, sous un sujet défini par des attributs, même irréductibles à de plus simples, pousse le faux métaphysicien à chercher un sujet, selon lui le véritable et le dernier, qui n'aurait plus aucun attribut et serait par conséquent indéfinissable, inconnaissable.

« Celui des philosophes qui, depuis Kant, s'est le plus signalé dans la défense de la thèse de l'*Absolu*, ou Inconditionné, comme fin, mais extérieure et inacessible de la pensée, Herbert Spencer, a donné cette thèse comme la conclusion d'un chapitre de son livre : *Les Premiers Principes*, intitulé *Relativité de toute connaissance*; et l'on voit par ce trait qui n'est point une contradiction, l'identité de l'absolutisme moderne avec celui des anciens philosophes gnostiques, ou alexandrins, qui regardaient le *dieu premier* comme une essence supérieure à l'être et innommable. Cet absolu et cet innommable ne diffèrent pas non plus de l'absolu de Hegel qui, n'admettant pas plus l'être que le non-être pour attribut, est par là même étranger à l'être. La différence unique, à cet égard, entre les métaphysiciens des premiers siècles de notre ère et ceux qui sont nés de la décadence de la théologie chrétienne et scolastique, consiste en ce que les derniers, répudiant les hypostases, ont posé le fondement dans l'abstraction pure; Hegel, dans la contradiction affichée, en outre, et peut-être est-ce trop accorder à Kant et à H. Spencer que de les absoudre de contradiction quand ils posent le principe hors de la connaissance. Le cas est singulier : n'est-ce rien connaître que de connaître l'existence de quelque chose? mais, d'autre part, est-ce connaître une chose comme existante que de ne la pouvoir qualifier et nommer que par des termes négatifs? Et si on généralise, sans même s'en bien expliquer, l'idée de l'être jusqu'à lui ôter, avec toute spécification possible, toute signification, est-ce entendre par là seulement que quelque chose peut être ou exister dont nous n'avons absolument nulle idée? Non, ce n'est pas du tout énoncer cette vérité, au moins sans contradiction, car on entend d'ordinaire par ces mots : *quelque chose*, quelque chose qui a des qualités actuellement inconnues pour nous; tandis que le sens que l'on donne à l'Absolu est celui de la chose qui en soi n'en a aucune. C'est par-dessus cet en soi dépourvu de qualités qu'il aurait des qualités, celle de penser, par exemple.

« Afin d'établir le véritable sens du moi en tant que sujet dont l'essence est une relation, nous ne saurions mieux faire que de dévoiler les sophismes très étudiés d'Herbert Spencer à l'appui de la nécessité d'admettre un sujet absolu pour satisfaire à l'exigence de notre pensée. Nous ne citerons cependant que pour mémoire des arguments par trop ignorants de la plus simple logique, celui-ci, par exemple :

qu'un raisonnement destiné à démontrer que l'inconditionné n'a qu'un sens négatif se ruine lui-même parce que son auteur est obligé de donner, pour sa démonstration, un sens positif à ce terme qu'il prétend en être dénué. Cet étrange argument a cependant le mérite de nous montrer la puissance de l'instinct réaliste qui ne permet pas à ce philosophe de regarder comme une abstraction chimérique telle idée à laquelle on fait jouer le rôle de sujet dans des propositions appelées à démontrer sa vanité.

« De même il dit que « le noumène, « partout nommé l'antithèse du phéno- « mène, est pensé constamment et néces- « sairement comme une actualité ». Il entend sans doute par le *noumène*, terme peu commun, ce nous semble, le sujet sans qualités, qui, *certainement*, n'est pas le sens vulgaire du terme de substance. Ce dernier sens n'a nulle application à la question de l'absolu.

« — C'est, dit Herbert Spencer, une doc-
« trine que personne ne met en question,
« que les antinomies de la pensée, telles
« que tout et partie, égal et inégal, un et
« multiple, sont nécessairement conçues
« comme des corrélatifs ; la conception de
« la partie est impossible sans la concep-
« tion du tout ; il ne peut y avoir idée de
« l'égalité sans l'idée de l'inégalité. Et il
« est admis, en semblable manière, que le
« relatif lui-même n'est conçu comme tel
« que par son opposition à l'irrélatif ou
« absolu. »

« Mais ce n'est là en aucune façon une doctrine, ni admise, ni contestée ; c'est une suite d'énoncés incorrects qui ne tiennent pas debout : les corrélatifs sont des corrélatifs et non pas des antinomies de la pensée. Le rapport *de la partie au tout* est une corrélation de termes analytiquement inséparables : s'il y a un tout, il y a des parties ; s'il y a des parties, il y a un tout ; tandis que l'égal et l'inégal sont des termes mutuellement contradictoires, qui d'ailleurs ne signifient rien si l'on ne spécifie le genre d'égalité (ou d'inégalité) et le sujet auquel on l'attribue. Le rapport *du multiple à l'un* est une espèce plus abstraite de celui de la partie au tout et qui est l'objet de la vaste mathématique : objet et problème, à raison de la question très disputée de l'infini. Enfin *le relatif et l'irrélatif* demandent d'abord à être définis, si l'on veut attacher un sens à ce que dit Herbert Spencer que *le relatif n'est conçu comme tel que par son opposition à l'irrélatif, ou absolu.*

« S'il voulait dire qu'en pensant une relation quelconque, nous pensons qu'elle pourrait ne pas exister, ce serait manifestement faux, hormis le cas où nous nous connaîtrions quelque raison de la mettre en doute; mais il s'agit de l'irrélatif, ou absolu; or, personne ne pense à l'absolu en pensant une relation; il faut que, de même que l'*irrélatif* a un sens universel dans la proposition, le *relatif* ait un sens universel aussi, pour lui être opposé. Partons de là; ce sens universel peut recevoir une application concrète. Devons-nous entendre par le relatif et le non-relatif l'ensemble des choses, d'un côté relatives, de leur nature, les unes aux autres, de l'autre mutuellement étrangères et sans rapport les unes avec les autres? Mais ce n'est certainement pas là l'idée d'Herbert Spencer, quoique Stuart Mill ait remarqué qu'on pouvait sans absurdité supposer un monde que ne gouvernerait pas le principe de causalité; et il est évident qu'on peut concevoir un monde où il y a des relations, sans concevoir, par opposition, un monde où il n'y en a pas!

« Il résulte de cet examen des termes que le *relatif* et l'*irrélatif* ne peuvent recevoir dans la proposition d'Herbert Spencer qu'un sens rigoureusement abstrait. Que signifie alors l'idée d'existence appliquée à de tels termes? Pas plus le premier que le second n'a d'existence autre que logique. Il n'existe pas, *in rerum natura*, telle chose que le *relatif*, à laquelle il y ait lieu d'opposer une certaine autre chose, l'irrélatif, il y a seulement la dénomination logique d'une chose quelconque, en tant que rapportée à une autre chose quelconque et, en regard, la dénomination logique d'une chose en tant que non rapportée à une autre chose. Et, comme les contradictoires s'appellent logiquement dans la pensée, la position logique du terme abstrait, le *relatif*, appelle la position logique du terme abstrait, l'*irrélatif*, ou non-relatif, et c'est là son unique genre d'existence.

« Car ces termes ne sont, ni pour le grammairien, ni pour le logicien, des corrélatifs, comme Herbert Spencer les nomme : ce sont des contradictoires : l'un affirme ce que l'autre nie. Hamilton, logicien très sûr, avait réfuté d'avance en termes parfaits le sophisme par lequel de la contradiction de deux termes, on se trouverait conclure leur double réalité. « Toute notion positive, avait dit ce philo-« sophe (le concept d'une chose par ce « qu'elle est), suggère une notion négative « (le concept d'une chose par ce qu'elle « n'est pas), et la plus haute notion posi-« tive, celle du concevable, ne laisse pas « d'avoir sa correspondante négative dans « la notion de l'inconcevable ; mais quoique « l'une fasse penser à l'autre, la positive « seule est réelle, la négative est seule-

« ment un *enlèvement* de l'autre ; elle est « même, en sa plus haute généralité, un « enlèvement de toute pensée. » — Nous traduisons par *enlèvement* le mot anglais *abstraction*, dont le sens à la fois logique et métaphorique nous paraît avoir son intérêt.

« A l'argument de Hamilton, Herbert Spencer répond que le terme négatif est quelque chose de plus qu'un enlèvement de l'autre terme, ou qu'une négation : « Dans les corrélatifs, tels que l'égal et « l'inégal, par exemple, il est évident, « dit-il, que le concept négatif contient « quelque chose de plus que la négation « du concept positif ; car les choses dont « l'égalité est niée ne sont pas bannies de « la conscience par cette négation ». Cet exemple, et d'autres semblables, tombent au-dessous de la discussion ; il n'est pas question de l'existence des choses inégales, mais de celle de l'*inégal*; supposons qu'il s'agit du cas du *relatif* et de l'*irrélatif*, dirait-on que le *relatif* ôté, il reste pour la conscience les choses dont toute relation est niée? On ne dirait pas cette absurdité parce que la question ne porte pas sur des choses irrélatives, s'il y en a, mais sur l'*irrélatif* ou *absolu*, terme unique, abstrait dont on a toujours parlé au singulier. Ou bien encore, si l'opposition de l'être et du non-être était prise pour exemple, dirait-on que le non-être est quelque chose de plus que la négation de l'être, par la raison qu'après que l'être, terme positif, est nié, et, avec lui, l'existence des choses qui sont, il y a des choses qui demeurent, à savoir les choses qui ne sont pas? L'idée de ce qui n'est pas est bien dans la pensée, mais non plus l'idée de l'existence de ce qui n'est pas. Les raisonnements de Herbert Spencer ne sont rien de plus que des fautes grossières contre la logique.

« Un autre argument que nous avons réservé a par lui-même plus d'intérêt — parce que sa discussion doit conduire droit à la définition relativiste du moi. Herbert Spencer a à combattre un disciple de Hamilton suivant qui « nous aurions dans « la conscience de soi un exemple de con- « naissance réelle », et, par suite, « un « cas non douteux de la validité de l'intui- « tion immédiate ». Ce philosophe entend par là l'intuition d'un sujet pur, indépendant de tout rapport (un absolu). Herbert Spencer ne nie pas l'existence d'un tel sujet qui serait le moi ; bien au contraire, mais il en croit « la connaissance interdite par « la nature même de la pensée » qui n'atteint que le relatif ; « en sorte que la « personnalité, dont chacun a conscience, « et dont l'existence est pour chacun un « fait de beaucoup le plus certain de tous « les faits, est cependant une chose qui en

« réalité ne peut nullement être connue ». Sur l'existence d'un tel sujet, Herbert Spencer, Hamilton et son école sont d'accord et aussi sur une vérité, d'ailleurs indisputable : que « la condition fonda« mentale de toute conscience est l'anti« thèse du sujet et de l'objet ».

« Partant de cette dernière proposition, Herbert Spencer raisonne ainsi : « Si « l'objet perçu dans l'acte mental de la « perception du moi, est le moi, qu'est« ce que le sujet qui perçoit ? ou, si « c'est le vrai moi qui pense, quel « autre moi ce peut-il être celui qui est « pensé? »

« De ce dilemme, Herbert Spencer tire la conclusion, qu'il impose à l'école de Hamilton : « Que la vraie connaissance du « moi implique un état dans lequel le con« naissant et le connu ne sont qu'un, ou « dans lequel le sujet et l'objet sont iden-

« tifiés. Et cela, c'est l'annihilation de l'un « et de l'autre. »

« Le sophisme est de brillante apparence. Il a son point de départ dans une pétition de principe, dans une thèse sur laquelle les adversaires étaient d'accord. Il peut donc embarrasser les absolutistes qui ne veulent pas suivre l'absolutiste Spencer dans son agnosticisme touchant les premiers principes. Mais une fois la pétition de principe dévoilée, c'est un curieux spectacle logique de voir l'argument se changer en une réfutation de la thèse du moi, sujet absolu. Quel est le vrai moi, demande-t-on, celui qui perçoit, ou celui qui est perçu? Évidemment, la question suppose qu'il en existe un dont l'existence ne dépend pas de l'opposition du sujet à un objet. Mais la conscience nie cela, puisque l'auteur de l'argument constate lui-même que *la condition fondamentale de toute conscience est l'opposition d'un sujet à un objet.* Mais alors? Alors, le moi, ce n'est pas cela qui pense, abstraction faite de ce qui est pensé non plus que ce n'est cela qui est pensé, abstraction faite de ce qui pense, mais c'est l'acte de la pensée qui implique ce rapport : rapport et non pas opposition, rapport qui est la relation constitutive du moi, en tant qu'elle se multiplie en des rapports liés les uns aux autres par une fonction qui s'appelle la *mémoire.* La mémoire est la Conscience même en tant qu'Acte synthétique, multiplié et divisé en actes divers dont elle fait l'unité dans le temps. Et comme chaque acte de conscience est le rapport d'un sujet à un objet, la conscience est l'Acte de ces actes continués, et s'appelle le *Moi* et la Personne, quand elle est considérée dans l'individu humain [1]. »

1. Cette admirable argumentation, admirable par la

. . . .

. . . .

. . . .

Il faut pourtant prendre garde à ne pas confondre le moi et la Personne. Ce dernier terme devrait surtout servir pour désigner le moi complet, intégral, le moi qui aurait atteint toute la perfection dont sa nature est capable.

Déplaçons la question; posons-la sur un terrain plus vaste, sur son véritable terrain. Le moi vit et se développe dans un milieu : le monde. Il est en rapport avec les choses, en rapport avec les autres moi, en rapport avec lui-même. Il pense, il pèse ses pensées, il est capable d'agir. Il pâtit aussi, plus souvent qu'il n'agit. Une question se pose à tous ceux qui ont appris à réfléchir et qui se préoccupent, durant leur vie, de faire

solidité et la clarté, a été écrite par Charles Renouvier le 29 et le 30 juillet 1903.

œuvre d'homme : Que pouvons-nous faire? Que devons-nous faire? Là est la grande question et c'est l'âme même de la philosophie. La question paraît banale et rebattue. Elle l'est en un sens; et pourtant il n'en est pas de plus profonde et de moins connue, parce que la plupart des penseurs n'osent pas voir la vie telle qu'elle est, courageusement.

L'homme, je l'ai dit et redit, vit dans l'état de guerre : travail pénible et misères de toutes sortes dans ce monde où les êtres se combattent les uns les autres, où l'on ne naît que pour mourir quand ce n'est pas pour être tué. L'homme sans doute est doué de raison, capable de réfléchir, apte à la parole. Intelligent, il s'applique à modifier les choses et, plus rarement, il modifie les hommes. Il acquiert de l'expérience, à ses dépens, en faisant des expériences. Quelquefois, pas aussi souvent qu'on serait tenté de le croire, il est capable de délibérer ses actes, et, de ce point de vue, on le peut regarder comme un être susceptible de moralité. En tant qu'être moral il veut lutter contre ses appétits et certains de ses désirs.

Mais il se trompe souvent, il n'est jamais assuré pleinement de ne se tromper pas. Aux erreurs de son intelligence, viennent s'ajouter, plus profondes encore et si souvent irréparables, les erreurs de la passion : amours trompées, amours aveugles. Et sa volonté est si souvent chancelante! Que l'on ajoute à cela l'intention si commune de faire souffrir les autres, par malice, par cruauté, par désir de vengeance, quelquefois pour jouir simplement de la douleur d'autrui, et je me demande comment on peut ne pas voir cette vérité qui crève les yeux, que nous vivons dans l'injustice. Serait-ce là la vie véritable? Je ne sais pas me résigner à le croire : elle serait absurde et méchante à la fois. Et je ne puis pas croire davantage que, par suite d'un concours de circonstances que personne ne saurait déterminer ni même prévoir, cela qui est absurde deviendra bon. Le Progrès fatal est une illusion et une sottise. Il est insensé de penser que la vie est bonne, il est insensé d'espérer que d'elle-même elle le deviendra un jour. L'histoire de l'homme dans le monde ne nous a jamais présenté que des spectacles de haine et de cruauté. L'homme a toujours vécu de la vie de proie.

Pourtant si c'était la vérité ? Si la grande Nature n'avait d'autre fin que de se dévorer incessamment elle-même, la vie, en ce cas, ne vaudrait pas, comme on dit, *les quatre fers d'un chien.*

Je ne puis admettre que cela qui est et que je vois soit nécessaire, toute mon âme proteste contre cette affirmation que semblent lui imposer les choses; et, avec elle, toutes les âmes d'hommes, injustes pourtant et qui vivent dans l'injustice!

La vie ne peut avoir d'intérêt pour un penseur qu'à la condition de chercher à résoudre le problème du mal. La philosophie, la vraie philosophie, serait celle qui nous apprendrait à vivre et à mourir. Et le « Personnalisme » voudrait être cette philosophie. Notre doctrine a du moins le mérite de proposer une solution du problème du mal. Il se peut que cette solution ne soit pas la bonne, mais qu'on la discute alors et qu'on en cherche une autre. Ce qu'il faut, c'est en chercher une; sinon je ne sais plus ce que c'est que la vie.

Vivre longtemps, longtemps travailler, chercher de bonne foi le mot de l'énigme! Et l'énigme serait qu'il n'y a pas d'énigme! Et l'on peinerait ainsi à chercher raisonnablement la raison des choses qui seraient sans raison ! Cela ne se peut pas. Je ne peux pas, je ne veux pas le croire. L'homme serait le plus absurde des animaux à qui la raison appartiendrait sans qu'il en pût faire un usage raisonnable. Et comment en ferait-il un usage raisonnable si le mal ne pouvait être expliqué, si la nature des choses était essentiellement déraisonnable ?

Le Personnalisme est la vérité. J'y suis venu tard, mais tout ce que j'ai écrit, directement ou indirectement, m'y a conduit pas à pas. Il se peut que les fantaisies scientifiques de mon hypothèse eschatologique ne soient que des fantaisies. Je crois encore qu'il eût mieux valu que la *prodigieuse épopée*[1] eût été chantée par Victor

1. Il s'agit de la grande hypothèse des trois mondes :

Le premier monde créé par Dieu, séjour paradisiaque, que les premiers hommes ont ruiné en désobéissant à la loi morale, en créant l'injustice ;

Le monde actuel où les hommes, en conséquence de

Hugo, que minutieusement analysée et décrite, si je puis dire, par un penseur. Hélas! je n'ai jamais été qu'un manieur, un arrangeur d'abstractions. Mais s'expliquer la vie des premiers hommes, et expliquer, par la liberté, la première apparition du mal et donner la première faute comme la cause première de la chute, ce n'est pas là le plus important. Mieux que n'importe qui, je sais que mon hypothèse ne résout pas toutes les difficultés. Pillon a signalé avec raison l'insuffisance de l'hypothèse pour rendre compte du problème de l'animalité. Je crois bien que la *démiurgie*, telle que tu l'entends, résout la difficulté; mais c'est bien hardi! Encore une fois ce

la faute, ont désappris la vérité et la justice, où ils vivent dans l'injustice et dans la souffrance;

Le monde futur, la cité de Dieu, idéal de la conscience morale qui, malgré ses erreurs et malgré ses fautes, aspire à la justice qu'elle n'a pas cessé d'aimer, à l'harmonie, au bonheur.

n'est pas là ce qui importe. Ce qui importe avant tout c'est de comprendre le mal, et qu'il résulte de l'injustice. Il faut aspirer non pas à la perfection absolue, non pas à l'absolue justice, il faut lutter de toutes nos forces pour que règne dans le monde un peu plus de justice. Comme le disait mon maître, Jules Lequier, le dernier mot de la philosophie n'est pas : Devenir, mais FAIRE et, en faisant, se faire. De notre raison, de l'emploi raisonnable de notre liberté il dépend, en partie, que nous soyions les ouvriers de nous-mêmes. Et c'est là le Personnalisme.

J'avais projeté, l'an dernier, d'écrire une « casuistique morale ». Je n'ai pas osé me mettre à l'œuvre. Je me sentais trop vieux. Mais quel beau livre à tenter pour qui aurait l'esprit aigu et sincère, et qui ne craindrait pas de se plonger dans les subtilités de la *Somme* de Thomas! Ce livre expliquerait bien des choses et serait plus utile qu'un gros *Traité de psychologie*. Ceux-là qui prétendent qu'il n'y a plus rien à dire sont ceux qui n'ont jamais eu rien à dire. Tout est à dire encore, et tout est à faire.

Ces longues conversations m'épuisent; j'ai tort de me fatiguer ainsi. Ces questions ont si profondément remué ma vieillesse que je ne sais pas m'arrêter. Et puis, tant que je parle, il me semble que je vis; j'oublie presque que je suis malade et que je vais mourir.

LE PROBLÈME DU MAL[1]

« L'état primitif du monde créé par le Créateur juste et bon a dû être, par oppo-

1. Il m'a semblé utile de donner ici ces quelques pages extraites du *Personnalisme*, le dernier ouvrage paru de Charles Renouvier (Alcan, 1903), dans lesquelles la question du mal est posée avec une grande clarté et une grande force. Elles serviront de commentaire à l'entretien précédent.

sition à l'état actuel, un séjour paradisiaque, à cela près qu'au lieu du tableau simpliste que nous a présenté la légende religieuse, il faut imaginer, conformément à ce que la science nous a appris de la grandeur et de la variété des forces naturelles, un ordre de choses où ces forces se déployaient dans leur magnificence, toutes d'accord entre elles pour le bien des animaux et des hommes.

« Les fonctions actuelles des forces générales nous offrent les mêmes caractères de disproportion et de désordre qui se remarquent dans les lois de distribution, de conservation et de destruction de la vie. Elles sont toutes, ou par un jeu déréglé, ou par excès ou défaut dans leur intensité, les causes de beaucoup de maux, ou les obstacles à des biens réels. L'homme ne parvient que lentement, difficilement et très imparfaitement à découvrir les lois de la nature pour se les assujétir et les gouverner. Il ne les tourne à son usage qu'en se créant des dangers nouveaux, des misères nouvelles, en se rendant lui-même l'esclave des forces qu'il croit dominer et qui sont toujours au moment de se soulever pour le détruire, lui et ses engins, au moindre manque de surveillance. La chaleur et l'électricité sont pour l'industrie humaine d'admirables agents d'utilité, prêts à se changer en fléaux, de même que nous les voyons, dans la grande nature, à la fois présider à la genèse et à l'évolution de la vie, et susciter des révolutions terribles. La gravitation et la chaleur entretiennent dans leurs sièges principaux, qui sont les soleils, les étoiles, d'effroyables phénomènes de chaos et de mort dont les durées sont incalculables. Cette pesanteur, force d'attraction et d'organisation universelle, agit, par l'effet de la distribution des densités entre les corps, sur le globe terrestre, de manière à produire des accidents et des maux sans nombre; les corps des animaux sont inégalement pourvus des organes de la locomotion, et le corps humain, un des plus lourds en son milieu, et pour qui ses propres mouvements sont l'objet d'un long apprentissage, est exposé dans le simple usage de ses membres à d'incessants dangers.

« La conception d'un ordre de choses, dans lequel cette assemblage de maux ne serait pas une condition de ce qui peut s'y trouver de biens, est celle d'un monde où les forces, toujours modérées, seraient et demeureraient d'accord avec les fonctions normales qu'elles doivent remplir pour le plus grand avantage de tous les êtres, et où, parmi ceux-ci, les êtres rationnels auraient la science et le gouvernement des lois naturelles, dans la mesure nécessaire pour la conservation de la vie et des biens de la vie. Cette raison créée qui est l'Homme devrait être la conservatrice de la *justice objective* instituée par le Créateur, la directrice des mouvements et des forces dont l'ordre cosmique dépend.

« La *justice subjective*, fondement de l'ordre social, a dû avoir, conformément à cette hypothèse de la création divine, son organisation et son règlement, mais sous la forme d'une loi morale vivante, donnée dans les consciences, et non *d'un commandement de Dieu* portant sur des points déterminés d'abstension ou d'action avec menaces pour le cas où ils seraient violés[1]. »

. . . .

. . . .

« Un ordre social avec les forces de la nature mises à la disposition de l'homme,

1. *Le Personnalisme*, p. 43 et suiv.

supposent une distribution de pouvoirs et de fonctions relatifs aux diverses parties de l'œuvre, une division du travail, et, par conséquent, une société elle-même régie au moyen d'une organisation hiérarchique qui soit en même temps une harmonie entre des autonomies individuelles... Cela posé, quelque bonnes originairement qu'on suppose les relations établies des personnes entre elles, et pour la jouissance des biens naturels, et, en supposant de plus, selon notre hypothèse, les hommes pourvus de toutes les connaissances adéquates à leur position et à leurs fonctions dans la nature et dans la société, il arrive toujours, parce que telle est la loi synthétique de l'individualité et de la communauté (et l'on n'en saurait concevoir une autre), qui fait que l'intérêt de la communauté, c'est-à-dire de la société dans les choses d'intérêt commun pour les individus, peut se trouver à tout moment distinct de l'intérêt de l'individu (de son attrait présent particulier), et en exiger le sacrifice. Mais il arrive surtout que tel bien ne peut être partagé, auquel plusieurs individus dans leur liberté peuvent prétendre, et il y a lieu pour certains à renoncement volontaire. Le « droit de chacun sur toutes choses », regardé par Hobbes comme la cause de « l'état de guerre perpétuelle » dans l' « état de nature », et comme le mobile du contrat social, qui est, selon lui, la stipulation de l'abandon total de leurs droits par les individus, doit être, en vertu de ce droit naturel, l'origine de l'état de guerre dans une société supposée primitivement à l'état de paix, si le sentiment de l'égalité essentielle des personnes vient à dominer chez les individus, tentés d'éloigner leur vue de cette connaissance rationnelle, que l'état donné primitif implique chez eux des conditions forcées d'un état social et de sa conservation. Or ce sentiment s'insinue par l'effet des passions contrariées auxquelles donnent lieu les renonciations nécessaires et les rivalités. L'individualité subversive ne peut cependant se donner carrière sans s'opposer elle-même à la raison qui est entièrement donnée par hypothèse; il y a donc nécessairement comparaison, doute, délibération. C'est dans la condition psychologique ainsi définie que se produisent pour la conscience l'idée nette de l'alternative des possibles, le sentiment du libre arbitre et les notions formelles du devoir et de la justice.

« Toutefois la connaissance de la justice n'est vraiment acquise, ne prend le caractère de l'obligation pour la conscience que par l'expérience de l'injustice.

. . . .

« L'idée du mal n'est pas simple. Ce n'est pas la seule contrariété du bien et du mal, la nécessité d'opter entre eux, qui donne son caractère à la délibération ; c'est toujours l'opposition de deux biens en perspective, qui ne peuvent s'obtenir que l'un à l'exclusion de l'autre...

« Le bien naturel de l'individu peut s'opposer au bien des autres, dès l'origine, en une société normale. La Personnalité qui est l'individualité morale, a donc à se garder contre l'usurpation possible d'autrui ; mais cette personnalité d'autrui est dans le même cas à l'égard de la première. De là, pour chaque personne, des contraintes à subir ou à s'imposer, et la raison de tenir la personne d'autrui pour son égale, la sienne pour l'égale d'une autre : le tout indépendamment des affections qui peuvent les lier ou non entre elles : car c'est un ordre qui commande aux sentiments. Cette égalité des personnes à la fois dans leurs exigences et dans leurs limites mutuelles, est la justice, quand elle est observée, quand il n'y a pas usurpation. Elle a deux faces logiquement inséparables, qui s'appellent le droit et le devoir. La Justice est la condition de la Société des personnes. L'injustice est la violation de cette égalité faite de doit et d'avoir. Mais les passions rendent la justice litigieuse, ensuite odieuse à ceux qui l'ont violée. De là la possibilité du mal et la justification de la possibilité du mal dans l'ordre social créé.

« L'individualité personnelle ne serait qu'apparente si les moyens de l'usurpation lui étaient refusés. L'homme n'aurait été que le premier en rang des animaux domestiques de Dieu, destiné par le créateur à des fonctions régulières, invariables, et à des jouissances fixes, obtenues par l'abandon de l'âme à de purs instincts, si la personne — en ce cas bien différente de celle que nous nommons ainsi en la distinguant de la bête — eût été assujétie par sa nature, à faire une chose, toujours la même, en chaque rencontre possible des autres personnes et des choses. Ce devait être une conséquence, un attribut inséparable de l'autonomie, que cette puissance propre donnée à la personne de se faire elle-même loi contre la Loi, car, en cas contraire, elle n'aurait pas pu posséder cette autonomie, en avoir le sentiment réel, alors qu'elle en aurait eu l'application gouvernée. Or, commandant à soi, la personne commande au dehors (dans les limites qu'on suppose ici respectées de son droit) puisque, dans ces limites, le pouvoir sur soi est l'intermédiaire et l'organe de l'action externe. L'acte injuste est l'acte de ce pouvoir en violation de ces limites, et, par conséquent, de la raison donnée avec l'autonomie, à la personne, afin qu'elle garde l'accord entre l'exercice de sa volonté pour des fins individuelles et l'observation des lois de la société, le respect de l'ordre universel.

« L'injustice est donc, ce que l'a dit une formule usuelle, le vice de l'individu qui rapporte toutes choses à soi, comme s'il était le centre du monde et que le monde fût tout à son service [1]. »

1. *Le Personnalisme*, p. 75 et suiv.

Dimanche, 30 août, 1 heure du soir.

L'AVENIR DE LA PHILOSOPHIE

Je ne souffre pas, me dit le maître, mais je sens que je m'affaiblis de plus en plus. Je m'en vais. Il me semble que je glisse sur une pente, et je dois, par moments, faire un effort pour me retenir. C'est étrange! ce glissement dans l'inconnu a comme une espèce d'attrait pour moi. Mon intelligence est entière et je puis m'observer.

J'ai imaginé un jeu pour tromper la longueur des heures. Je me suis demandé quelles pouvaient être les chances pour le *Personnalisme* de s'imposer, dans l'avenir,

4

à l'esprit et au cœur des hommes. J'ai pesé le pour et le contre, scrupuleusement, comme s'il s'agissait d'une doctrine qui ne me tiendrait pas à cœur. J'ai joué le jeu loyalement, les dés n'étaient pas pipés. Hélas! je suis arrivé à une conclusion qui n'est guère consolante. Si l'on tient un compte exact des préoccupations actuelles des hommes, rien n'indique que le « Personnalisme » puisse être, pour les philosophes d'aujourd'hui et de demain, autre chose qu'un objet de curiosité. Bien des années passeront avant que la doctrine soit exactement connue. Elle ne le sera peut-être jamais. C'est attristant.

L'utopie du *Progrès* a mis un bandeau sur toutes les intelligences. On ne voit pas le mal, on ne sent pas l'injustice; on ne comprend pas qu'une société ne peut que végéter qui se désintéresse de la justice. Les philosophes eux-mêmes se désintéressent de l'idée de justice. On parle de bonheur, de solidarité, d'amour, termes vagues et qu'on ne saurait préciser; on ne parle que très peu de la justice et le plus souvent sans bien savoir ce qu'elle est.

Autre question, et très importante. On n'a plus pour les idées générales le culte que l'on avait autrefois, du temps de ma jeunesse. On trouve des amateurs, des curieux de philosophie plutôt que des philosophes. Ce sont des hommes d'esprit sans doute et même de talent, mais je crains un peu qu'ils ne philosophent sans enthousiasme. Ce ne sont pas des *étonnés*, ce ne sont pas des chercheurs. Enfin, ils ne se préoccupent pas assez, à mon sens, de logiquer leurs affirmations ou leurs thèses. En dehors de Boutroux, de Liard, de Lechalas, de quelques autres encore, qui s'appliquent à raisonner droit, les autres bâtissent sans avoir suffisamment appris le métier de maçon. Il en résulte qu'il n'y a plus de doctrines, plus d'écoles, mais seulement des thèses, qui, pour un temps, sont à la mode et que l'on fait valoir à l'aide de paradoxes que je voudrais plus amusants. On se rattache vaguement à un vague système ; on se dit nietzschéen, ou néo-positiviste, ou psycho-physiologue ; ou sociologue ; et je ne comprends pas grand'chose à ce qu'ils écrivent. C'est ma faute, je le veux bien ; c'est sans doute parce que je suis trop vieux, mais tout cela me paraît très ennuyeux ou très inutile. Ce n'est pas de la philosophie. Je comprends Auguste Comte et je l'admire ; c'était un génie, et il était du Clapas[1] ; il a, lui, constitué une doctrine, les néo-positivistes, eux, n'ont rien constitué : je ne sais ni ce qu'ils veulent, ni où ils tendent : je ne comprends pas. Je ne

1. Mot languedocien que les Montpellierains emploient pour désigner leur ville.

comprends pas davantage la psychologie contemporaine. Toutes ces analyses minutieuses de cas d'hystérie ou de neurasthénie, me semblent d'une utilité contestable. Il y a plus de psychologie dans un des grands romans de Tolstoï ou de Dostoievski, il y a plus de psychologie, avisée et profonde, dans *L'affaire Crainquebille* que dans certains traités de psycho-physique ou de psycho-physiologie que j'ai eu l'occasion de parcourir. C'est très savant peut-être, mais ça me passe et ça m'ennuie. Ce que je dis ne se rapporte pas à William James qui est un psychologue et de grand talent, ni à Tarde qui est un des hommes les plus intelligents de notre temps.

La vérité est que, à l'heure actuelle, il n'y a plus de doctrine; chacun ne s'intéresse qu'à ses propres idées. On ne lit pas en France, ou on lit mal. Il paraît qu'on lit encore un peu en Allemagne ou dans les pays du Nord, mais chez nous on se renseigne vaguement à l'aide de journaux ou de revues : on n'étudie pas, on ne travaille pas. Huit fois sur dix, les comptes rendus des livres nouveaux sont écrits par des personnes qui n'ont fait que feuilleter l'ouvrage et qui naturellement n'y ont rien compris. On est très indulgent, on fait beaucoup d'éloges et cela dispense d'étudier. Personnellement je n'ai pas à me plaindre; on me traite favorablement; mais je me rends compte qu'on ne me lit pas. Mes idées paraissent d'un autre temps. C'est une chose curieuse à noter, on s'occupe davantage de mes livres à l'étranger qu'en France. Je puis même dire que nos revues philosophiques ont perdu l'habitude d'en rendre compte. Cela d'ailleurs n'a pas empêché mon nom d'arriver à une certaine notoriété; c'est sans doute parce que j'ai duré longtemps. Il est entendu que Renouvier est très fort, mais on ne le lit pas. Il y a vingt-cinq ans, en pleine bataille, Dieu sait si l'on a souvent contesté mon mérite; on me discutait du moins et cela valait mieux.

Je crains, pour la philosophie en France, une période de décadence. Sans doute, parmi les philosophes que je connais, il est des hommes de talent; il en est un à l'esprit singulièrement subtil et profond qui, le jour où il se débrouillera complètement, sera un maître; mais une doctrine ne s'élabore qu'à la condition de suivre une sévère méthode logique. Et l'on ne veut plus de méthode; on frappe de grands coups, un peu au hasard, on pose devant une galerie. L'austère philosophie réclame autre chose; elle exige d'autres qualités et un tout autre labeur.

La principale cause de cette décadence de l'esprit philosophique, chez nous et peut-être en Europe, je la trouve non pas seulement dans cet abandon que je signalais tout à l'heure des idées générales, mais encore et principalement dans une conviction dont tous nos penseurs s'enchantent. Elle a été, je dois l'avouer, la mienne autrefois : j'ai cru aussi que, peu à peu, par le développement continu de la Science et des sciences, l'humanité pourrait atteindre plus de bonheur. Et c'est une sottise. Il n'est pas vrai que la Science puisse diminuer le travail humain. Les machines et les inventions, qui ne vont pas sans dangers et sans graves accidents, ne font qu'abrutir le travailleur et que ruiner sa santé. Le bonheur ne doit pas se chercher dans cette voie. Il n'est pas démontré que, si le machinisme supprimait le travail, l'homme serait plus heureux; j'ai même une forte tendance à croire qu'il serait plus malheureux qu'il n'est, et plus près de la brute. Et la Science, si elle réalisait les espérances que beaucoup ont fondées sur elle, deviendrait une excellente méthode d'abêtissement ! La Science détruirait la Science.

Ce n'est pas là le rôle de la Science que de préparer le bonheur. La vraie science doit rester théorique ; elle ne peut être qu'une méthode de recherche. C'est là ce qu'il faudrait comprendre, c'est là ce qu'on ne comprend pas.

J'ai cru un moment, il y a quelques années, à la possibilité d'un renouveau du pessimisme. Nos intellectuels semblaient s'intéresser profondément aux fortes œuvres de Tolstoï et Dostoievski, aux hauts et profonds symboles d'Ibsen. Ça n'a été qu'une mode qu'une autre mode a remplacée. Il est de bon ton maintenant de se dire nietzschéen. Et c'est la folie des grandeurs érigée en système par un fou. Cette mode passera à son tour. On finira bien par s'apercevoir qu'il n'est pas nécessaire d'avoir lu Nietzsche pour être nietzschéen, et que les *Apaches* de Paris ou d'ailleurs n'ont pas eu besoin de fréquenter chez Zoroastre pour se déclarer des surhommes. Je ne crois pas à l'avenir du nietzschéisme parce que l'homme, comme le disait profondément Bayle, n'est que médiocrement méchant.

De quel côté le salut pourra-t-il nous venir? Je ne vois que le sentiment de la pitié qui puisse régénérer les hommes, les conduire à la compréhension de la justice. Si le catholicisme devait disparaître — et il n'est pas près de disparaître — un néobouddhisme aurait quelques chances de le remplacer : un néobouddhisme qui ne serait pas philosophique. Peu ou pas de dogmes, mais un sentiment profond de nos misères, de nos hontes. Alors seulement l'heure serait venue où quelques-uns, parmi les penseurs, s'aviseraient de se souvenir qu'une doctrine existe : le *Personnalisme*, qui est un essai loyal de solution du problème du mal. Il faudra du temps, beaucoup de temps pour que ce jour, s'il doit jamais arriver, arrive. Il est certain que tu ne le verras pas, même si, comme moi, tu vis très vieux.

Ce n'est pas une raison pour se décourager; il faut travailler, aller de l'avant, sans crainte, avec une douce ténacité, sans crainte du ridicule que pourraient déverser sur des idées, pour eux trop hautes, des hommes qui n'ont que de l'esprit. Que l'on s'essaie à plaisanter sur les thèses maîtresses du *Personnalisme*, cela est possible, cela est facile même; il ne faudrait pas s'en étonner. Souviens-toi que le ridicule n'a jamais tué que ceux qui n'avaient plus qu'à mourir. Laisse faire, laisse dire et travaille. Ne perds pas ton temps en des polémiques qui ne prouvent rien ; mais ne vis pas trop dans l'isolement. Ç'a été un de mes torts. Le vieux père *Antapire*[1] a trop vécu dans les abstractions.

On a dit de moi que je ne savais pas écrire ma langue. Ce n'est pas tout à fait exact. Si embarrassée que soit ma phrase d'incidentes qui voudraient préciser la pensée, mon style ne manque ni de caractère, ni de force, ni même d'originalité. Il n'est pas amusant, je l'avoue, il n'a ni la grâce, ni le charme du style d'Anatole France ; je l'ai regretté plus que personne. Peut-être que les torts ne sont pas seulement de mon côté. La solidité de l'argumentation, la précision de la pensée sont aussi des qualités qui ne devraient pas passer inaperçues.

1. Voir *Uchronie*.

Travaille. Continue tes analyses sur la *nolonté*. L'idée est neuve et forte ; mais ne te livre pas trop à ta fantaisie qui pourrait te conduire très loin, trop loin. Ne recherche ni ce qui est trop subtil, ni l'extraordinaire. Il ne faut pas tirer de coups de pistolet. Tu avais autrefois l'intention de démontrer la liberté. La thèse était ingénieuse mais sophistique. Il faut l'abandonner. La prétention de démontrer la liberté est insoutenable et insupportable. *Experto crede Roberto* ; on ne démontre pas la liberté. Ceci est mon dernier mot : Travaille !

31 août, 1 heure du soir.

LA PITIÉ

Je ne puis plus dormir, bientôt je n'aurai plus la force de parler.

Je voudrais te signaler une idée qu'il serait bon de noter. Elle a son importance.

De tous les livres que j'ai composés avant mon arrivée à Perpignan, c'est la *Science de la morale* que je préfère. J'ai écrit ce livre avec joie. J'en ai relu quelques pages, il n'y a pas longtemps. Il n'est pas parfait à coup sûr, mais ce n'est pas un méchant livre. Si j'avais eu à en faire une seconde édition, je n'aurais pas beaucoup retranché de ce que j'ai écrit, j'aurais ajouté quelques pages sur la bonté, sur la pitié.

Une morale pratique, une morale de l'état de guerre qui serait à la portée de toutes les intelligences, voilà qui serait bon et utile pour nos enfants, plus utile, à coup sûr, que ne le sont ces manuels que tu m'as communiqués. Quels pauvres livres !

Je voudrais que l'on apprît à l'enfant à *sentir* le mal, tandis que l'on cherche surtout à le lui déguiser. On lui parle de solidarité et d'altruisme, et du bonheur qui pourra résulter du développement de la solidarité ; on ne lui parle pas de la solidarité dans le mal, qui est indéniable, elle, et de l'injustice commise ou subie ; on ne lui définit même pas correctement la Justice. On lui parle d'amour, on ne lui enseigne pas à aimer la Justice. Quant au *nommé Dieu*, il est entendu qu'il n'en sera pas question ; il ne sera pas davantage question de l'immortalité de l'âme. J'ai vu, il n'y a pas longtemps, dans les journaux, que des sections de la « Ligue pour les droits de l'homme et du citoyen » réclamaient, au nom de la liberté, que tout enseignement fût interdit, dans la classe de philosophie, sur Dieu et l'immortalité. Rayer Dieu du programme !

Je voudrais que l'on s'ingéniât à développer chez nos enfants le sentiment de la pitié. La pitié, si elle est bien interprétée, conduit à la justice. Les analyses qui ont été faites de ce sentiment me semblent insuffisantes. Il n'est pas nécessaire, pour que la pitié s'éveille en nous — c'est la thèse de Schopenhauer, — que chacun des hommes se considère *comme un être unique et universel*, il suffit d'admettre pour tous les hommes une communauté d'origine et de fin, *une étroite solidarité dans la misère et dans la souffrance.* Je crois tous les êtres humains capables d'éprouver la pitié, parce que tous les hommes sentent profondément l'injustice, ou, ce qui est la même chose, la douleur de vivre. A chaque instant, ils la peuvent constater.

A cette constatation succède un sentiment de révolte. Nous ne voulons pas la douleur; elle nous paraît absurde, elle nous paraît être le symbole de quelque chose qui ne devrait pas être. Nous ne la voulons ni pour nous ni pour les autres, à moins que nous n'ayons des raisons particulières de la vouloir, dans la colère, par exemple, ou, d'une manière plus générale, à moins que nous ne désirions *rendre*, comme disent les enfants, la douleur à ceux qui nous la font subir. Nous avons même parfois le désir de *nous rendre* contre les choses, si elles sont mauvaises.

C'est parce que la douleur nous semble imméritée que la pitié fleurit dans notre âme. Il n'est pas nécessaire que nous aimions ceux que nous voyons souffrir : ils peuvent être des étrangers, des indifférents, des animaux. Leur lot est de souffrir, notre lot est de souffrir, et nous avons pitié. La pitié pourrait être définie : la révolte de l'âme contre la méchanceté du mal.

La même question se présente toujours : d'où vient le mal? Si la douleur pourtant n'était pas *injuste*, si elle était la conséquence naturelle et nécessaire des injustices autrefois commises? Autrefois! mais quand? et comment? C'est la question à laquelle il faut répondre, si l'on veut croire que la vie a un sens. Ici notre hypothèse intervient ou bien une autre, si celle que nous proposons paraît insuffisante, mais il en faut une, il faut une solution au problème. On ne doit pas tricher avec la douleur. C'est ce que l'on fait tous les jours. Mieux vaudrait l'expliquer, et quelle explication serait préférable à la nôtre? Solidarité dans l'injustice, solidarité dans la faute commise, il en résulte la solidarité dans la souffrance. C'est par cette voie qu'on pourrait s'élever jusqu'à la vraie notion de justice qui est la notion de ce qui n'est pas, de ce qui devrait être : l'harmonie.

Ce que je te dis est trop vague, ces idées demandent à être précisées. J'en vois clairement l'importance, mais je ne sais pas, je ne puis pas dire exactement ce que je voudrais : je suis bien fatigué.

31 août, de 9 heures à 11 heures du soir.

L'AVENIR DE LA DÉMOCRATIE

J'ai sommeillé un peu. La potion que j'ai prise tout à l'heure m'a donné un semblant d'énergie, et je voudrais te dire quelques mots, seulement, sur une question que nous avons souvent discutée dans nos promenades.

Ce n'est pas sans inquiétude que je me demande quel peut être en France l'avenir de la démocratie?

La bourgeoisie n'a pas tenu ses promesses; elle n'a travaillé que pour elle. Moralement elle est tombée si bas que jamais plus elle ne pourra se relever. Elle est essentiellement égoïste.

Il n'y a d'espérance à fonder que sur le peuple. Et j'appelle peuple ceux-là qui travaillent : paysans, ouvriers, artistes ou savants. C'est là ce qui constitue, ce qui devrait constituer une démocratie. Ce n'est pas que j'aie une confiance exagérée dans les vertus du peuple. Je connais ses defauts : il faudrait être aveugle pour les nier. Mais c'est là seulement qu'il y a des réserves d'énergie.

Il est des réformes qui s'imposent. Je les voudrais conduites par des intellectuels qui seraient sages. Est-ce possible? je n'en sais rien et j'en doute. Il y a trop de politiciens en France qui ne songent qu'à satisfaire leur ambition personnelle. quand ils ne trafiquent pas de leur mandat. La moralité politique disparaît de plus en plus. J'ai connu, en 1848, des ouvriers qui étaient de nobles caractères et de grands cœurs. C'était une époque d'aspirations généreuses et désintéressées. On ne savait peut-être pas exactement ce qu'était la justice, mais on l'aimait. Il n'en est plus ainsi de nos jours. Cette chose que certains littérateurs ont appelée la *rosserie* envahit la société tout entière. La rosserie est partout. Je n'ai cependant pas le courage de désespérer de l'avenir. Il faut agir quand même, tracer droitement son sillon. Personne n'a le droit de dire que le bon grain ne peut pas germer. Mais je déplore qu'il n'y ait pas d'hommes, en France, capables de faire entendre au peuple de dures, de saines vérités.

J'approuve la guerre sans merci que le ministère Combes fait aux congrégations. Peut-être a-t-il commis des fautes? Je ne suis pas en état d'en juger. Mais la guerre au fanatisme, à l'intolérance, à l'injustice, est une guerre sainte. Je ne demande certes pas que l'on déclare la guerre à la religion, même catholique, mais la guerre doit être déclarée aux articles de cet odieux Syllabus[1] qu'on ne connaît pas assez en

1. « Le Syllabus, dont la doctrine est aujourd'hui certaine pour tout catholique romain, vu l'infaillibilité papale qui la couvre et vu le consensus des évêques, s'il en était besoin, mais de leur propre aveu il n'en est nul besoin, déclare que l'Église possède un pouvoir temporel, direct ou indirect, et que le pouvoir temporel des évêques ne saurait être révoqué par le gouvernement civil, sur ce motif que ce dernier l'aurait autrefois concédé d'une manière expresse ou tacite.

« Le Syllabus affirme qu'en cas de conflit de lois entre les deux pouvoirs, le temporel et le spirituel, ce n'est pas le droit civil qui prévaut.

« Le Syllabus enseigne qu'il n'appartient pas au pouvoir civil de définir les droits de l'Église ou de marquer des limites à l'exercice de ces droits.

« Le Syllabus décrète que l'Église a le droit d'employer la force ; et, étendant la vertu de ce décret à la justification d'un passé de sang et de l'oppression séculaire des consciences, il déclare que les pontifes romains et les conciles œcuméniques n'ont point dépassé les limites de leur pouvoir.

« Le Syllabus oblige formellement et catégoriquement tout catholique à se soumettre aux jugements et décrets du Siège apostolique, non seulement en ce qui

France. La plupart des catholiques l'ignorent.

Mais si le ministère triomphe dans sa lutte contre les congrégations, je me demande, avec anxiété, quelles seront les suites de cette victoire. Je crains que la plupart de ceux qui combattent ne soient convaincus que c'est au sentiment religieux

touche le dogme de la foi et des mœurs, mais en tout ce qui a évidemment rapport au bien général de l'Église, à ses droits et à sa discipline.

« Abrégeons et bornons-nous à rappeler que le Syllabus condamne la liberté de conscience et des cultes, la liberté d'exprimer ouvertement et publiquement ses opinions en paroles ou autrement, affirme que ni les lois civiles, ni quelque connaissance philosophique ou morale que ce soit ne doivent ni ne peuvent se soustraire à l'autorité divine et ecclésiastique; et, s'attaquant en particulier à l'un des principaux fondements de la société civile, prononce que le mariage est essentiellement un sacrement et que le contrat de mariage est nul quand le sacrement en est exclu. »

RENOUVIER.

Extrait d'un article de la *Critique philosophique* : « Simple question aux protestants qui ont la foi ». N° du 25 octobre 1877.

qu'on fait la guerre, et non pas seulement au cléricalisme papiste. Il y a en ce moment un fort courant en faveur de l'athéisme. Si ce courant l'emporte, il conduira directement la démocratie à l'anarchie morale. C'est pour la démocratie un grand danger.

Je crois, il est vrai, qu'il n'y a que très peu d'athées, mais il y a, en très grand nombre, des indifférents qui, ne sachant pas ou ne voulant pas réfléchir, se déclarent athées uniquement pour affirmer qu'ils ne veulent pas de l'idole catholique. Ces esprits indécis, arrêtés toutefois dans leur intention d'échapper au joug du cléricalisme, seraient disposés, en grand nombre, je parle des intellectuels, à accepter à la place du monstre catholique, le dieu de justice et de bonté tel que le Personnalisme le conçoit.

Autrefois, en 1876, je crois, nous avons essayé, Pillon et moi, de rallier les libres penseurs à cette idée : *Le moyen le meilleur, le plus habile et le plus moral de lutter contre le papisme, serait d'immatriculer sa famille, comme chef de famille, dans celle qui semblerait la meilleure des catégories religieuses existantes et qui réunirait les moins imparfaites conditions de liberté.* On ne s'affranchit pas du papisme en n'allant pas à l'église, dès que, par indifférence, on laisse élever les enfants dans le papisme, où l'on a été soi-même baptisé, communié, confirmé et marié. Ce n'est pas ainsi que l'avenir de la race et la destinée de la nation seront délivrés du joug qui pèse sur elles. C'est pour échapper à ce joug que nous avions conseillé autrefois aux libres penseurs de se faire inscrire, eux et leurs familles, dans celle des églises protestantes dont les dogmes et les règlements leur offriraient *les moins imparfaites conditions* de liberté. Et nous demandions aussi aux Églises protestantes de ne pas exiger une profession de foi individuelle de la part de ceux qui, en entrant dans une nouvelle société, entendaient être et rester des personnes libres.

Notre projet échoua lamentablement. Les libres penseurs préférèrent rester plus ou moins directement affiliés à l'Église romaine que de venir à nous. Serait-il possible, en ce moment, de reprendre le même projet? Je suis convaincu qu'il échouerait encore. Il est vrai que les temps sont changés. On comprend maintenant le danger clérical, mais on ne voudra pas plus aujourd'hui qu'on ne l'a voulu en 1876, s'inféoder au protestantisme pour échapper au papisme.

Ce que je vais te dire est bien hardi; c'est une utopie peut-être, ce n'est pas pourtant une absurdité. Il existe une philosophie, que nous connaissons bien tous deux. Elle pourrait être aussi une religion ou du moins en tenir lieu. Ce serait une *religion laïque*, si l'on peut ainsi parler, une religion d'intellectuels, sans dogme, qu'elle voudrait imposer, sans prêtres, sans Église, une religion philosophique dont l'objet serait de résoudre le problème du mal, de prêcher le relèvement possible de la personne humaine par le culte de la justice. Elle opposerait enfin au dieu des théologiens, le dieu personne morale, le dieu selon la justice. Cette philosophie-religion, cette religion rationnelle, c'est le *Personnalisme*.

Est-il insensé d'espérer qu'il serait, en ce moment, possible de grouper, sous le drapeau de la justice, les volontés bonnes de tous ceux qui entendent s'opposer à la fois à tous les cléricalismes, quels qu'ils soient, et à l'athéisme? Je n'ose me prononcer. Cela dépend de bien des choses. Il suffirait peut-être, pour tenter la chance, de quelques hommes indépendants et courageux qui prendraient la direction de ce mouvement. Il en existe et j'en connais : Henry Michel, Séailles. Si une telle tâche pouvait être menée à bonne fin, Henry Michel, dont j'apprécie le talent et l'esprit politique, serait, semble-t-il, tout désigné pour l'entreprendre. Il faudrait pour y réussir beaucoup de courage et de désintéressement. Voudra-t-il essayer, le pourra-t-il? Je l'ignore. Ce serait un beau danger à courir.

Ce n'est là qu'une vague, qu'une très vague espérance, mais comment pourrait-on défendre au cœur d'espérer?

J'ai parlé plus longtemps que je ne voulais. Demain, si j'ai encore un peu de souffle, je te ferai part de quelques idées, que je crois intéressantes, sur la nature de Dieu et sur l'immortalité.

1er septembre.

Le lendemain, à 8 h. 45 du matin, sans agonie et presque sans souffrance, le sage mourait. Il était âgé de quatre-vingt-huit ans huit mois.

Archives d'Histoire Doctrinale et Littéraire du Moyen Age

DIRIGÉES PAR

Ét. GILSON — Professeur à la Sorbonne

G. THÉRY, O. P. — Docteur en théologie

ANNÉE 1926

SOMMAIRE : Ét. GILSON : *Pourquoi saint Thomas a critiqué saint Augustin.* — G. THÉRY : *Edition critique des pièces relatives au procès d'Eckhart.* — Ephr. LONGPRÉ : *Thomas d'York et Mathieu d'Aquasparta.* — M.-D. ROLAND-GOSSELIN : *Sur la double rédaction par Albert le Grand de sa dispute contre Averroès.*

1 vol. gr. in-8° de 318 pages .... 40 francs
Prix pour les souscripteurs .... 30 francs

ANNÉE 1927

A. WILMART : *Les homélies attribuées à saint Anselme.* — M.-D. CHENU : *La théologie comme science au* XIIIe *siècle.* — J. ROHMER : *La doctrine franciscaine des deux faces de l'âme.* — J. GUILLET : *La lumière intellectuelle d'après saint Thomas.* — Et. GILSON : *Avicenne et le point de départ de Duns Scot.* — F. DELORME : *Le cardinal Vital du Four. Huit questions inédites sur le problème de la connaissance.*

1 vol. gr. in-8° de 345 pages .... 40 francs
Prix pour les souscripteurs .... 30 francs

ANNÉE 1928

Ét. GILSON : *La cosmogonie de Bernardus Silvestris.* — P. SINAVE : *Le catalogue officiel des œuvres de saint Thomas d'Aquin, critique, origine, valeur.* — J. ROHNER : *La théorie de l'abstraction dans l'école franciscaine d'Alexandre de Halès à Jean Peckam.* — M.-D. CHENU : *La première diffusion du thomisme à Oxford. Klapwell et ses « notes » sur les sentences.* — P. GLORIEUX : *Notices sur quelques théologiens de Paris de la fin du* XIIIe *siècle.* — G. MOLLAT : *L'œuvre oratoire de Clément VI.* — E. VAANSTEENBERGHE : *Quelques lectures de jeunesse de Nicolas de Cues, d'après un manuscrit inconnu de sa bibliothèque.* — A. WILMART : *La lettre philosophique d'Almanne et son contexte littéraire.* — G. THÉRY : *Le commentaire de maître Eckhart sur le Livre de la Sagesse*

1 vol. gr. in-8° de 456 pages .... 45 francs
Prix pour les souscripteurs .... 33 fr. 75

ANNÉE 1929

Ét. GILSON : *Les sources gréco-arabes de l'augustinisme avicennisant, avec une édition critique du De intellectu d'Alfarabi.* — Jos. KOCH : *Jacques de Metz, le maître de Durand de Saint-Pourçain.* — Gabr. THÉRY : *Le commentaire de Maître Eckhart sur le Livre de la Sagesse* (fin).

1 vol. gr. in-8° de 404 pages .... 45 francs
Prix pour les souscripteurs .... 33 fr. 75

Objet des Archives. — Les *Archives* sont une publication purement historique, exclusivement consacrée à l'étude de la pensée médiévale et à l'histoire littéraire des écrits où cette pensée s'est exprimée.

Les *Archives* sont la seule publication exclusivement consacrée à l'histoire doctrinale du moyen âge.

Tout médiéviste aura besoin de cette collection unique de mémoires et de textes originaux.

Toute bibliothèque doit souscrire à la collection, avant qu'il ne devienne coûteux et peut-être impossible de la reconstituer.

ÉTUDES DE PHILOSOPHIE MÉDIÉVALE

Directeur : Étienne GILSON

PROFESSEUR A LA SORBONNE
DIRECTEUR D'ÉTUDES
A L'ÉCOLE PRATIQUE DES HAUTES ÉTUDES RELIGIEUSES

1. — Étienne GILSON. *Le Thomisme.* Introduction au système de saint Thomas d'Aquin. 3e édition revue et augmentée, 5e mille. 1 vol. in-8° .... 32 fr.
2. — Raoul CARTON. *L'expérience mystique chez Roger Bacon.* 1 vol. in-8° .... 30 fr.
3. — Raoul CARTON. *L'expérience physique chez Roger Bacon.* 1 vol. in-8° .... 15 fr.
4. — Étienne GILSON. *La philosophie de saint Bonaventure.* 1 vol. in-8° .... 50 fr.
5. — Raoul CARTON. *La synthèse doctrinale de Roger Bacon.* 1 vol. in-8° .... 12 fr.
6. — Henri GOUHIER. *La pensée religieuse de Descartes.* 1 vol. in-8° .... 30 fr.
7. — Daniel-Bertrand BARRAUD. *Les idées philosophiques de Bernardin Ochin, de Sienne.* In-8° .... 10 fr.
8. — Émile BRÉHIER. *Les idées philosophiques et religieuses de Philon d'Alexandrie.* In-8° .... 30 fr.
9. — J.-M. BISSEN. O. F. M. *L'exemplarisme divin selon saint Bonaventure.* 1 vol. in-8° .... 35 fr.
10. — J.-Fr. BONNEFOY. O. F. M. *Le Saint-Esprit et ses dons selon saint Bonaventure.* 1 vol. in-8° .... 30 fr.
11. — Étienne GILSON. *Introduction à l'étude de saint Augustin.* 1 vol. in-8° de 340 pages sur papier pur fil .... 60 fr.
Édition ordinaire .... 40 fr.
12. — Car. OTTAVIANO. *L'Ars compendiosa de Raymond Lulle, texte inédit précédé d'une étude sur les œuvres de Lulle* (tiré à petit nombre). 1 vol. in-8° .... 40 fr.
13. — Étienne GILSON. *Études sur le rôle de la pensée médiévale dans la formation du système cartésien.* 1 vol. in-8° .... 40 fr.

www.ingramcontent.com/pod-product-compliance
Ingram Content Group UK Ltd.
Pitfield, Milton Keynes, MK11 3LW, UK
UKHW021823190726
13853UKWH00003B/1149

9 782329 571645